Le chevreuil

Farouche et gracieux

Texte de Pascale HÉDELIN
Photos de l'agence BIOS

Mini Patte

MILAN
jeunesse

Collection dirigée par Valérie Tracqui

Le soir, ou tôt le matin, le chevreuil quitte son abri. Le jour, il se repose dans les fourrés.

Il habite surtout dans les bois et les champs, mais il s'approche aussi des villes.

Dans la prairie

C'est le printemps au petit matin. La campagne se fait belle, elle est toute piquetée de fleurs. Un hérisson trottine entre les herbes couvertes de rosée. C'est l'un des moments préférés du chevreuil. Discrètement, il sort des bois où il se cache. Il observe, il écoute... Parfait, tout est calme, ce grand timide peut rejoindre les champs.

Concours d'élégance

Comme il est gracieux !
Le chevreuil a un corps mince, un long cou et des pattes toutes fines. Elles sont plus hautes à l'arrière pour qu'il puisse bondir.
Ses grandes oreilles, qui pivotent comme des antennes, captent tous les sons. Avec ses beaux yeux sombres, il repère bien les mouvements, mais distingue mal ce qui est loin. En revanche, son odorat est très fin.

Seul le mâle adulte, le brocard, porte des bois, recouverts par une peau toute douce, le velours.

Son pelage lui sert de camouflage. En été, il est brun-roux, en hiver il devient brun-gris.

La femelle, ou chevrette, est si fine qu'elle peut se faufiler dans les fourrés épais. Elle ne porte pas de bois.

Cette tache blanche, qui sert de signal, est appelée « miroir ». Chez les femelles, elle a la forme d'un cœur.

Menu varié

C'est l'heure du repas. Le chevreuil est un gourmand qui mange toutes sortes de végétaux. Par-ci par-là, il cueille des fleurs, des herbes, des bourgeons, des feuilles... Après avoir mangé, il se prépare un petit coin parmi les feuilles et se couche. Là, il rumine pendant des heures : il fait remonter les aliments depuis son estomac jusque dans sa bouche et les mâche longuement.

Seul ou en famille, le chevreuil mange souvent : le soir, à l'aube, à midi et aussi pendant la nuit.

Au menu : herbes, feuilles, même les dangereuses aiguilles de l'if, ou les ronces qui piquent.

Le chevreuil choisit sa nourriture avec soin.

Après le repas, il laisse un tas de petites crottes rondes : la moquette.

Quel bond ! Le chevreuil peut sauter au-dessus d'un homme, à 2 m de haut, et sur 4 m de long.

Sous l'effet de la peur, les poils du miroir, sur l'arrière-train des chevreuils, se hérissent.

Les chiens des promeneurs dérangent souvent les chevreuils, qui s'enfuient d'un bond.

Champion de course...

Le chevreuil est toujours aux aguets. Soudain, il se fige. Quel est ce bruit ? Un chien approche, alerte ! Aussitôt le chevreuil s'enfuit en poussant un cri rauque. D'un grand bond, il saute par-dessus un tronc couché. Puis il file dans le bois en évitant avec adresse les branches qui pourraient le blesser. C'est un rapide, qui peut courir longtemps.

Propriété privée

Avec l'été, le brocard change. Ses bois ont poussé. Il les frotte contre les troncs et creuse le sol à coups de sabots. Il s'agite beaucoup.

Au printemps, le velours qui recouvre les bois du chevreuil est tombé. Ses bois sont tout neufs.

Le brocard frotte son front sur l'arbre pour y déposer son odeur. Ce marquage est efficace.

Les combats sont rares, mais ils peuvent être très violents et conduire à la mort des brocards, qui se transpercent avec leurs bois.

On appelle « frottis » les profondes entailles que le brocard creuse dans les troncs avec ses bois.

Il délimite ainsi son territoire : l'entrée est interdite ! Mais voici un autre brocard. Tous deux s'observent. Ils cherchent à s'impressionner en criant et en bondissant. Puis c'est la bagarre, ils s'attaquent à coups de bois. Le plus faible finit par abandonner.

Pour savoir si la chevrette est prête à s'accoupler, le brocard la renifle, car elle dégage une odeur spéciale.

Après l'accouplement, chacun repart de son côté.

Amoureux, le mâle frotte les arbres et gratte le sol. Cet ensemble de marques est un « régalis ».

Épuisé, le brocard, qui a couru après plusieurs femelles, se repose et dort beaucoup.

Amoureux !

L'été est le temps des amours. Le mâle racle les arbres encore plus fort. À l'odeur, il repère une chevrette, et la poursuit en aboyant : « Wâouh ! » Elle joue à se sauver, mais il lui galope après et tourne autour d'elle comme un fou. À force, le couple laisse sur le sol des traces en forme de 8, ou de cercles. Enfin la femelle accepte de s'accoupler. Ouf, c'est un jeu épuisant !

Ensemble en hiver

C'est une saison difficile pour les chevreuils. Il y a peu à manger et la neige rend la marche pénible. Pour survivre, ils se groupent en bandes, alors qu'ils vivent le reste de l'année seuls, ou en petites familles. Ensemble, ils trouvent plus facilement de la nourriture et des coins ensoleillés. Ils sont aussi plus efficaces pour repérer leurs ennemis.

Le groupe, appelé « harde », est formé de chevrettes, de jeunes et parfois d'un brocard.

Dans la neige, les chevreuils s'épuisent. Gare au lynx ou au renard qui peuvent les attaquer.

Quelle chance, des baies ! Le plus souvent, les chevreuils doivent gratter la neige pour trouver à manger l'hiver.

Le faon est sorti les pattes et la tête en premier. Dès sa naissance, sa mère le lèche.

Le faon n'a presque pas d'odeur et paraît invisible.

Souvent les jumeaux sont un frère et une sœur. Leur mère les protège en chassant les intrus à coups de sabots.

Renard, martre, aigle royal et même hibou grand duc sont les pires ennemis des faons.

Des bébés jumeaux

Trois mois plus tard,
à la fin du printemps,
la chevrette s'isole parmi
les hautes herbes.
Là, elle donne naissance
souvent à des jumeaux.
Elle les lèche pour les
nettoyer et les réchauffer.
Puis très vite, les faons
se lèvent et trottent.
Quand leur mère part
manger, elle les laisse
bien cachés dans les
herbes ou les taillis.
Le renard rôde, mais la
chevrette n'est pas loin...

En courant, le faon est
tombé tout de travers.

En une semaine de vie,
il a déjà doublé de poids.

Au bout de quelques mois,
son pelage devient uni.

Petits dégourdis

Les faons adorent chahuter. Ils jouent à bondir, à s'enfuir, à se poursuivre. En fait, ils s'entraînent à faire comme les grands. Parfois, l'un d'eux manque de souffle, et... patatras ! Il tombe n'importe comment. Jusqu'à l'automne, leur mère les allaite. Ils la suivent partout. Elle leur apprend à se repérer, à choisir les bonnes plantes, à détecter les odeurs... et les dangers.

Le faon croque sa première feuille à l'âge de 1 semaine et, à 10 jours, il broute de l'herbe.

Seuls

Les faons ont grandi. À 6 mois, ce sont des « chevrillards ». À l'âge de 1 an, ce sont déjà de jeunes adultes. Les bois du mâle sont sortis, ils vont s'allonger et se diviser. Puis ils vont tomber... et repousser. C'est le moment de se séparer. La mère chasse ses jeunes, car elle attend d'autres bébés. Chacun part de son côté chercher son propre territoire, avant de fonder une famille.

Quand il trouve son domaine, le jeune chevreuil ne s'en éloigne plus.

La jeune femelle reste souvent près de son lieu de naissance.

Nombreuses cibles

Autrefois, l'ours, le lynx et le loup éliminaient les chevreuils blessés ou malades. Mais l'homme a fait disparaître ces prédateurs naturels. Alors les chevreuils se multiplient. Ils deviennent envahissants et font des dégâts. Une réglementation permet aux chasseurs de limiter leur nombre...

Trop nombreux, les chevreuils sortent des bois... et vont tout grignoter dans les champs !

Nonchalant, le jeune chevreuil ne se doute pas du danger.

Gare à la route !

Quand ils traversent les routes de campagne, les chevreuils ne se méfient pas des voitures. Beaucoup sont ainsi renversés par accident. Les victimes sont souvent des jeunes, qui errent la nuit à la recherche d'un territoire et qui, éblouis par les phares, ne s'enfuient pas assez tôt.

Une chasse nécessaire

Pour tuer le chevreuil, les chasseurs organisent des battues : un groupe effraie l'animal pour qu'il fonce droit vers les chasseurs. Ou bien ils lancent des chiens à sa poursuite, ou ils le guettent à l'affût. Mais les règles de chasse sont strictes : on doit tuer un nombre précis de chevreuils. Pas de risque que l'espèce disparaisse ; au contraire, la chasse évite que les chevreuils se multiplient trop.

Trop de dégâts !

Lorsqu'ils sont trop nombreux dans un endroit, les chevreuils font des dégâts. Ils blessent les jeunes arbres avec leurs bois pour marquer leur territoire, et ils les abîment en grignotant leurs feuilles et leur écorce. Dans ces cas-là, les gardes forestiers les capturent, ou les chasseurs en tuent un nombre déterminé.

Les bois du chevreuil sont très recherchés comme trophée de chasse.

LES COUSINS

Le chevreuil fait partie de la famille des cervidés. La plupart de ces animaux vivent en groupes et presque tous les mâles portent des bois. Ils se nourrissent tous de végétaux et ils ruminent. Leurs pieds se terminent par un sabot formé de 2 doigts. Le chevreuil est le plus petit cervidé d'Europe.

Le cerf élaphe

Grand, puissant et agile, le **cerf élaphe** vit surtout dans les forêts. À l'époque des amours, le mâle brame pour attirer les femelles et repousser les autres mâles.

Le daim

Le **daim** a des bois magnifiques, en forme de palmes. Mâles et femelles vivent séparés presque toute l'année. Les femelles vivent en hardes menées par la plus ancienne. Le mâle aime se coucher pour reposer sa lourde tête sur le sol.

L'**élan**, ou **orignal,** est le plus grand des cervidés. Il vit dans les régions froides du Nord et aime barboter dans les forêts humides et les marais. C'est un très bon nageur. Pour se protéger des insectes, il prend des bains de boue.

L'élan

Le renne

Au Canada, où il est sauvage, on l'appelle le **« caribou »**. En Scandinavie, où il est semi-domestique, c'est un **renne**. Le mâle et la femelle portent des bois.

Le **muntjac** vit dans les forêts tropicales d'Asie. Le mâle porte de longues canines. Ses bois sont courts et en forme de V. Solitaire, il communique avec les autres par des cris forts, d'où son nom de « cerf aboyeur ».

Le muntjac

Quelques questions sur la vie du chevreuil dont tu trouveras les réponses dans ton livre.

Crédit photographique

Agence BIOS : R. CAVIGNAUX : 4e de couverture, p. 20 (hd) ; F. CAHEZ : p. 6 (b), p. 9 (hg), p. 15 (h), p. 17 (h), p. 21, p. 24-25, p. 26 (b) ; M. RAUCH : p. 6-7, p. 16-17 (b), p. 18 (b) ; C. BALCAEN : p. 8 ; E. BOYARD : p. 9 (hd) ; B. BISCHOFF : p. 10-11 (h) ; R. COURSEAUX : p. 12 ; D. DELFINO : p. 13 (h), p. 22-23 ; P. LUSTRAT : p. 14 (b) ; F. MARQUEZ : p. 15 (b) ; PATON/SURVIVAL/OSF : p. 16 (bg) ; P. WEIMANN : p. 20 (hg) ; P. & J. WEGNER : p. 22 (mg) ; C. TESTU : p. 22 (bg) ; KLEIN & HUBERT : p. 27 (b) ; CASTANET/HERVIEU : p. 28 (h) ; P. HENRI : p. 29 (hg) ; T. ALLOFS : p. 29 (hd) ; DANI/JESKE : p. 29 (b).
Agence COLIBRI : J.-M. BRUNET : couverture ; NEGRO/CRETU : p. 9 (b) ; E. MÉDARD : p. 11 (bd) ; P.-A. VIVION : p. 18 (h).
Agence PHONE : J.-M. LABAT : p. 4, p. 13 (b) ; R. VALTER : p. 10 (b), p. 20 (b), p. 22 (hg), p. 25 (h), p. 26-27 (h) ; G. FLEURY : p. 11 (bg) ; H. REINHARD : p. 14 (h), p.16 (h), p. 19 ; Y. VALLIER : p. 28 (b).

Montage maquette et infographies : Dominique DASTREVIGNE

Loi 49.956 du 16.07.1949
ISBN : 2.7459.1739.0
Dépôt légal : 3e trimestre 2005
Imprimé en Belgique